A.R.Iのお菓子の提案
I'D SUGGEST A.R.I
dailyマフィンとビスケット

森岡 梨
morioka ari

文化出版局

I'D SUGGEST A.R.I

お菓子を焼くのが大好きです。
「A . R . I」は、そんなモリオカ アリが焼く
マフィンとビスケットが並ぶお店です。

子どものころからずっとお菓子を焼いてきました。大学では美術の勉強をしていましたが、やっぱりお菓子作りの楽しさから離れられなくて、とうとうお菓子屋さんになりました。
名前から「A . R . I」と名づけた店のキッチンで、今、毎日毎日一人でお菓子を焼く原動力は、何かを作るときのわくわくする気持ちと、作ったお菓子をおいしいと言ってもらったときのどきどきするほどうれしい気持ちです。子どものころ、欲しくてたまらなかった小さいフライパンを買ってもらったとき、本当にうれしくて、いくつもいくつも卵焼きを焼きました。そんな楽しい思い出は、女の子なら誰にもあるのではないでしょうか。
そしてA . R . Iには、毎日のようにマフィンやビスケットを買いにきてくださるかたや、おいしかったと遠くからまた来てくださるかたがいます。
そう、お菓子作りはやっぱり楽しくてうれしいもの。楽しくなくては、誰かが食べて幸せな気持ちになるお菓子は焼けないのではないでしょうか。
もちろん楽しいばかりではなかった経験もあります。失敗したときの悲しさ、作りたいと思ったときにすぐに材料が手に入らなくてがっかりしたこと……それでもお菓子作りの魅力から離れられなかった私は、A . R . Iではお菓子そのものを通じて、この本ではレシピを通じて、お菓子作りの楽しさを提案したいと思います。楽しむためには必ず守ってほしいこともあります。基本は大切だということ。だから本はできるだけ全部読んでいただきたいし、基本のページとそれぞれのお菓子の作り方は一通り読んでから始めてほしいのです。材料をはかって、道具を用意してから始めることも忘れないでください。急ぎすぎたり、あせってはだめ。オーブンや道具のくせも知って、仲よくなってください。そうすれば、あとは楽しいことがいっぱい。きっといつか自分だけのオリジナルも作れるようになるし、そうすればもっともっとうれしくなるからそんなヒントも入れたつもりです。
お菓子は、いいにおい、きれいな色、楽しい形、思いがけない味わいを届けてくれます。そして、大事な人たちの「おいしい」の一言も！

MUFFINS - Sweet スイートマフィン

MUFFINS - Light Meal お食事マフィン

BISCUITS　ビスケット

NOTE

MUFFINS
Sweet スイートマフィン

ブラウンシュガーを使った
風味豊かな生地がベースです。
そこに加える素材の組合せによって、
カジュアルなおやつ感覚から
しゃれたケーキ風まで
様々なマフィンが生まれます。

ブルーベリークランブル

基本は、まずはなんといってもブルーベリー。
何度も作って、今はこのレシピ。ブルーベリーをどっさり入れます。

マフィンに使う卵は、
いつでもL玉2個。

計量いらずで、半端な卵が残らないほうが作りやすいから。

1つのボールで作ります。

とにかく気軽に。食べたいときが作るとき！

基本の生地さえ覚えたら、
大好きなものをたくさん入れて楽しんで。

くだもの、ナッツ、キャラメルクリーム……
＋αをボールの中で混ぜたり、生地と重ねたり、トッピングして
個性豊かなおいしさをいろいろ試してみてください。

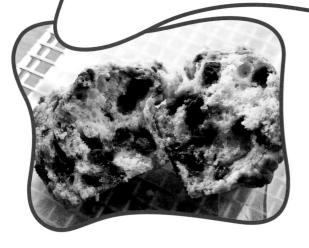

 ブルーベリークランブル

材料
（直径7×高さ約3cmのマフィン型10〜11個分
違うサイズで作るときはp.60参照）

スイートマフィンの基本の生地

無塩バター	120g
a ブラウンシュガー	150g
グラニュー糖	20g
卵（L）	2個
薄力粉	300g
ベーキングパウダー	大さじ1
塩	少々
牛乳	120ml
ブルーベリー（冷凍でもいい）	250g
クランブル（＊）	1回分

準備
・バター、卵、牛乳は室温にもどしておく。冷た
　さが残っていると分離しやすくなるので、寒い
　時期は特に注意。
・粉類（薄力粉、ベーキングパウダー、塩）は合
　わせてふるう。
・型に専用のグラシン紙のケースを敷く（紙の型を
　使うときは不要）。
・クランブルを作っておく。
・オーブンを180℃に温める。

作り方

① 基本の生地を作る。ボールにバターを入れて泡立て器でほぐし、aの1/3量ほどを加えて全体を混ぜてから再び1/3量を加えてよく混ぜる。残りのaを入れ、よく混ぜて砂糖をなじませ、空気を含んで白っぽくなるまで混ぜる。

② よくほぐした卵を3回に分けて加える。卵を加えるたびに泡立て器を勢いよく回してなじませる。

③へらに替えて、粉類の1/3量を入れ、ボールの底から大きく返して混ぜる。粉気が少し残っているくらいで牛乳の1/2量を入れてなじませる。

④再び粉の1/3量を入れて全体をざっと混ぜ、牛乳の残りを加えてなじませる。残りの粉を加えて、底から大きく返しながら空気を含ませるような感じで全体を混ぜる。粉や牛乳を加えるごとに混ぜすぎているとグルテンが出るので、ここまで手早く混ぜる。

⑤④の基本の生地にブルーベリーを加えて、へらで大きく5〜6回混ぜ、スプーンですくって型に落とすようにして入れる。

⑥クランブルをたっぷりトッピングする。クランブルは軽く握り、塊ができるくらいにしてのせる（食感の差が出て、焼上りの表情もつくので）。

⑦ 180℃のオーブンで20分ほど焼く。オーブンから出して型のまま粗熱を取る。

♥基本の生地作りは、準備から作り方④まで、p.45までのマフィンに共通です。

♥型は、サイズが違うものや紙の型も利用できます。p.60参照。

♥材料や道具については、p.60を参照してください。

♥作り方②では油脂（バター）と液体（卵）を混ぜるわけなので、分離しないよう手早く混ぜるのがこつですが、ここで少しもろもろと分離しかかったようになっても大丈夫なので、慌てずに③に進みましょう。

♥型に入れた生地がやわらかくてだれるようなら、型ごと5〜10分冷蔵庫に入れて休ませます。特に夏場はだれやすいので注意します。

♥オーブンにはそれぞれくせがあるので、焼きぐあいを確認しながら対応します。庫内の左右、前後でむらがあるときは、10分ほど焼いたら天板ごと返して入れ替えます。

♥焼上りは、20分焼いたら一度取り出してマフィンを指で押してチェック。生地がもどってこないときは中が生なので、温度を170℃に落としてさらに5分ほど焼きます。

♥ブルーベリーは、つぶれやすいので作り方⑤で混ぜすぎないこと。慣れないうちは冷凍がおすすめ。その場合は完全に凍ったものを生地に加えます。

♥ブルーベリーの代りにダークチェリーでも同様に作れます。缶詰の場合は、ざるにあけて汁気をよくきり、つぶさないように混ぜること。

＊クランブル

材料（基本の型で10〜11個分）
アーモンドパウダー25g、薄力粉、グラニュー糖、無塩バター（小角に切って、室温にもどす）各50g。

作り方
アーモンドパウダー、薄力粉、グラニュー糖をボールに入れて手でざっと混ぜ、バターを入れて両手でもみほぐすようにしながら粉となじませる。

♥クランブルをトッピングする場合は、必ずあらかじめ作っておきます。冷蔵庫で1週間ほどもつので前日までに作ってもいいでしょう。残ったら薄くのばして冷凍保存も可能。冷凍のままスケッパーなどで細かく砕いて使います。

バニラビーンズ

マフィンを割ると、ふわっとバニラの香りが広がります。
トッピングのバニラの香りを移したグラニュー糖がざっくりと焼き上がります。

 バニラビーンズ

材料
（直径7×高さ約3cmのマフィン型10〜11個分）

p.9の基本の生地	全量
バニラビーンズ	1本
バニラオイル	小さじ1/2
バニラシュガー（＊）	適宜（下記の約1回分）

作り方
①バニラビーンズはさやを縦に切り、種をナイフでこそげ、基本の生地に加える。
②バニラオイルも入れて、バニラの種が全体に散るように練らないよう混ぜる。
③用意した型に入れて、バニラシュガーをたっぷりふりかけ、180℃のオーブンで20分ほど焼く。

＊バニラシュガー

材料（作りやすい分量）
グラニュー糖100g、バニラビーンズ1/2本。

作り方
バニラビーンズは縦に切って種をこそげ取り、グラニュー糖に混ぜる。さやも一緒に保存容器に入れる。1週間後から使える。

♥バニラシュガーも大好きなトッピングの1つ。様々なマフィン、お菓子に使うので、A.R.Iでは少なくともグラニュー糖200ｇ、バニラビーンズ1本で作り、常に作りおきがあります。1年でももちますから好きなときに使えますし、コーヒー、紅茶に入れてもおいしい。バニラの種を使ったあとの残りがあったら、さやだけ加えても充分香りがつきます。

ピーナッツバターチョコチップ

これは、意外(?)にくせになると評判のマフィンです。
塩気とナッツの風味の中で、時々チョコが甘い……。
こういうおいしさの発見は、マフィンの世界がもっと広がるきっかけになりました。

素材や生地自身がお菓子に生まれ変わる、そのパワーも好き。

焼いているうちに生地があふれたり、くっついたり……
でも、平気平気。そこがおいしい。それがいとしい。
思いがけない表情がマフィンをいっそうおいしくするのです。

大きいのや小さいの、型からこぼれたり……いろんな形あり！

生地が少しだけ余ったら
小さく焼いてもオーケー。

作るのも、食べるのも、全然飽きないマフィンです。

フィリングやトッピング、素材の組合せで新しい味わいが生まれます。
そればかりか、焼くだけのお菓子に
オリジナルのデザインを考えることができるのです！
まずは身近な材料で、気軽に試してみてください。

ピーナッツバター
チョコチップ

材料
（直径7×高さ約3cmのマフィン型10〜11個分）

p.9の基本の生地	全量
ピーナッツバター（クリーミー）	120 g
チョコチップ	100 g
ココアクランブル（＊）	1回分

作り方
①基本の生地にピーナッツバターとチョコチップを加え、マーブル状になるよう全体をざっと混ぜ、型に入れて、ココアクランブルを軽く握って少し塊ができるようにして、たっぷりトッピングする。
②180℃のオーブンで20分ほど焼く。

♥写真は、基本の型、小さめの紙の型、焼き菓子専用の木の皮の型などを使って焼きました。複数の大きさの型を使うときは、それぞれ焼き時間が異なるので、様子を見ながら焼けたものから取り出します。

＊ココアクランブル

p.11のクランブルの材料にココアパウダー小さじ3を加え、粉類に混ぜて同様に作る。
♥クランブルをトッピングする場合はあらかじめ作っておくこと、冷蔵庫で1週間もつことはp.11のクランブルと同じです。冷凍保存ができるのも同様です。

グレープフルーツ／ アイシング

グレープフルーツをたっぷり使います。
バニラ風味のアイシングが、さわやかな持ち味を引き立てます。

キャロットレーズン

にんじんは、すりおろしを加えるので、生地自体がほっくりします。
にんじんとレーズンは本当によく合う！ 黄金コンビを実感できるマフィンです。

グレープフルーツアイシング

材料
（直径7×高さ約3cmのマフィン型10〜11個分）
p.9の基本の生地　全量
グレープフルーツ　中2個
アイシング（＊）　1回分

作り方
①グレープフルーツは、ナイフで皮を薄皮ごとそぐようにしてむく。次に薄皮と薄皮の間にナイフを入れるようにして、放射状に果肉を切り取る。残った薄皮にはまだ果肉がついているはずなので、生地を入れたボールの上でぎゅっとしぼる。
②切り取った果肉は2〜2.5cm幅に切って、生地のボールに入れ、全体がなじむ程度に混ぜる。
③用意した型に入れて、180℃のオーブンで20分ほど焼く。
④オーブンから出して冷まし、アイシングをかける。

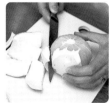

＊アイシング

材料（基本の型で10〜11個分）
粉糖100g、水小さじ3、バニラオイル小さじ1。

作り方
材料をすべて混ぜる。すくって落とすとリボン状に落ちるくらいの濃度になるはず。マフィンにはスプーンですくって線を描くように落としながらかける。

 キャロットレーズン

材料
（直径7×高さ約3cmのマフィン型10〜11個分）
p.9の基本の生地　全量
にんじん　中1本
　　　　　（皮とへたを除いた正味約200g）
レーズン　60g

作り方
①にんじんは、皮とへたを除き、ざく切りにしてフードプロセッサーにかける。様子を見ながら細かくなるまで粉砕する。
②レーズンと❶のにんじんを生地に入れて、むらがないよう手早く混ぜる。
③用意した型に入れて、180℃のオーブンで20分ほど焼く。

♥フードプロセッサーを使わずに、チーズおろしですりおろしてもいいです。細かいおろし金でおろす必要はなく、水気が少しだけ出る程度のほうが上手に焼けるようです。

抹茶マーブル

抹茶を生クリームで溶き、抹茶風味の生地を作って混ぜます。
抹茶が、バターの風味をいっそう引き立てます。

モカモカ

コーヒー風味の生地がマーブル状になっています。
アイシングもコーヒーとラム酒の香り。インスタントコーヒーで作れます。

抹茶マーブル

材料
(直径7×高さ約3cmのマフィン型10〜11個分)
p.9の基本の生地　全量
抹茶　　　　　　　大さじ1
生クリーム　　　　大さじ1

作り方
①抹茶と生クリームをボールに入れて、へらでよく溶き混ぜる。
②生地の1/3量を加え、へらで全体が抹茶色になるよう混ぜてから、残りの生地に加え、スプーンで大きく全体を混ぜてマーブル状にする。
③用意した型に入れて、180℃のオーブンで20分ほど焼く。

♥生クリームのストックがなければ、少し風味は変わりますが、牛乳で代用しても作れます。どちらを使っても作り方①でダマができないようによく混ぜてください。

モカモカ

材料
(直径7×高さ約3cmのマフィン型10〜11個分)
p.9の基本の生地　　　　全量
インスタントコーヒー　　大さじ1
生クリーム　　　　　　　大さじ1
コーヒーアイシング（＊）　1回分

作り方
抹茶マーブルの作り方の抹茶をインスタントコーヒーに替えて、同様に焼く。焼き上がって粗熱が取れたら、コーヒーアイシングをかける。

＊コーヒーアイシング

材料（基本の型で10〜11個分）
粉糖100g、水小さじ3、バニラオイル、インスタントコーヒー各小さじ1、ラム酒小さじ1/2。

作り方
材料をすべて合わせてよく混ぜる。

♥コーヒーがすぐにはきれいに混ざらず、つぶつぶのむらになって残りがちですが、そのままかけても表情になるので大丈夫。なめらかなコーヒー色にしたければ、ぴっちりとラップフィルムで覆ってしばらくおいておけば（夏場は冷蔵庫へ）自然に溶けます。

カスタードオレンジ

手作りのカスタードクリームを生地にのせ、その上にオレンジの実をトッピング。
ジューシーでクリーミーに焼き上がります。

レモンカード

レモンをたっぷり使った手作りのレモンカードを生地に焼き込みます
A.R.Iでは〝レモンカスタード〟と名づけている、卵の風味も充分なマフィンです。

カスタードオレンジ

材料
（直径７×高さ約３cmのマフィン型10〜11個分）

p.9の基本の生地	全量
オレンジ	3〜4個
カスタードクリーム（p.22＊1）	1回分

作り方
①オレンジの皮をむき、果肉を切り取る（p.17
のグレープフルーツのむき方と同じ）。
②準備した型に生地を真ん中を少しくぼませて
入れ、カスタードクリームをこんもりとのせ
（基本の型で１個につき、大さじ１強が目安）、
オレンジの果肉を形を整えながらのせる。
③180℃のオーブンで20分ほど焼く。

レモンカード

材料
（直径７×高さ約３cmのマフィン型10〜11個分）

p.9の基本の生地	全量
レモンカード（p.22＊2）	240g
クランブル（p.11＊）	1回分
粉糖	適宜

作り方
①生地にレモンカードを入れて、全体を大きく
混ぜ、型に入れる。
②クランブルは、手でこすってさらさらにし、
たっぷりトッピングする。
③180℃のオーブンで20分ほど焼く。
④粗熱が取れたら、粉糖をふる。

♥レモンカードは、たっぷりのレモンと卵、バターで作
るスプレッド。手作りはフレッシュな香りが格別です
が、市販品も出ていますので利用してもいいでしょう。
♥お気づきですか。クランブルは、このマフィンの場合
だけ、塊を残さずにさらさらにして使っています。レ
モンのさわやかな風味にはそのほうが合うように思っ
ています。

*1　カスタードクリーム

*2　レモンカード

*3　キャラメルクリーム

材料（でき上り約380g。基本の型で10〜11個分）
卵2個、グラニュー糖90g、薄力粉大さじ1、牛乳210ml、無塩バター（小角に切る）50g、バニラビーンズ1/2本。

作り方
①卵は必ず泡立て器でほぐしてから、グラニュー糖を加えてなじませる。
②薄力粉も加えてよく混ぜ、牛乳、バター、さやごとのバニラを入れる。
③❷を湯せんにかける。泡立て器で混ぜながらバターをとかし、底や縁から固まりはじめるので時々混ぜて全体をなじませながら10分ほど加熱する。
④すくうと泡立て器に少しひっかかってから流れ落

ちるくらいのとろみがついたら、ざるでこす。へらでこすって落とすようにし、バニラビーンズは除く。ボールごと氷水に当てて冷ます。

♥保存はおすすめしませんが、前日に作って冷蔵庫に入れておいてもいいでしょう。
♥作り方②で卵液に粉をよくなじませてから、残りの材料を入れるのが、ダマを作らないこつ。

材料（でき上り約540g）
卵3個、グラニュー糖175g、レモン3個（皮はすりおろし、果肉はしぼる）、レモン汁合わせて175ml（計約8個分。3個分のしぼり汁と足りない分は市販の果汁を利用してもいい）、無塩バター（小角に切る）120g。

作り方
①卵は泡立て器でほぐしてからグラニュー糖を入れ、よく混ぜて、レモンの皮も加え、なじませる。
②レモン汁を入れてよく混ぜ、バターを入れて湯せんにかける。時々かき混ぜながら20分ほど加熱し、とろみがついたらシノワでこす。レモンの皮や卵のカラザなど網に残る量が多いが、ざっと混ぜてそれ

以上こせない分は捨てる。

♥清潔な保存容器で冷蔵保存すれば1か月ほどもちます。マフィンに使った残りは、ホイップクリームと一緒にプレーンビスケット（p.65）やスポンジ生地やトーストにつけてみてください。

材料（でき上り約280g）
a（グラニュー糖200g、バニラビーンズ1本、水80ml）、熱湯100ml、b（無塩バター20g、生クリーム100ml）。

作り方
①aをなべ（できればこびりつき防止加工の深型のフライパン）に入れて、強火にかけ、一煮立ちさせてから中火にする。なべの縁に水滴がはねたら、水でぬらした刷毛で落としながら（そこだけ結晶化してしまうので）煮つめる。
②静かにふつふついうくらいの火加減でゆっくり煮つめ（混ぜたり、なべごと揺すったりしないこと）、白っぽい大きめの泡が出はじめたら弱火にして様子を見る。縁からこげ色がつきはじめたら全体がこげるのは早いので注意し、中も茶色になりかけたらす

ぐに火を止める。
③バットや皿などでふたをして（はねるので必ず覆う）、すきまから熱湯を注ぐ。静かになったらふたを取り、再加熱して沸騰させる。
④bを加えてへらで混ぜながらとかし、さらに5分ほどふつふつと煮つめて火から下ろす。粗熱が取れたら、清潔な保存容器に移して冷ます。

♥保存状態にもよりますが、冷蔵保存で1か月ほどもちます。作りおきしたものをマフィンの生地に混ぜるときは、冷えてかたくなっていたら、室温にもどしてから使うか、少しだけ電子レンジにかけて生地と同じくらいのクリーム状にしてから使うと混ぜやすくなります。

アプリコットラズベリー、サワークリーム
赤とオレンジ色が散ったかわいらしいマフィン。
たっぷりのサワークリーム入りで、まるでフルーツチーズケーキのような味わい。

かぼちゃシナモンナッツ
シナモン風味のクランブルと香ばしいくるみが、
ほくほくに焼いたかぼちゃの甘みを引き立てます。

アプリコットラズベリー、サワークリーム

材料
(直径7×高さ約3cmのマフィン型10〜11個分)

p.9の基本の生地	全量
アプリコット(缶詰)	半割り10〜11個
ラズベリー(冷凍でもいい)	50〜55粒
サワークリーム	200〜250g
粉糖	適宜

作り方
①アプリコットは約2cm角に切っておく。
②用意した型に生地の1/3程度を分け入れ、その上にサワークリームの1/3強をのせて、ラズベリーとアプリコットの1/3強(基本の型1個につきラズベリー2粒、アプリコット2きれずつ)を散らす。

③❷を繰り返し、層にしてから残りの生地をのせ、型の真ん中に残りのサワークリーム、ラズベリー、アプリコットをのせる。
④180℃のオーブンで20分ほど焼き、オーブンから出して、粗熱が取れたら粉糖を茶こしなどを通してふる。

♥冷凍のラズベリーの場合は、解凍すると水気が出るので凍ったまま使います。
♥小さく焼くよりも、大きめの型で、ラズベリーをたっぷり入れ、サワークリームと層になるように焼くほうがおすすめです。

 かぼちゃシナモンナッツ

材料
(直径7×高さ約3cmのマフィン型10〜11個分)

p.9の基本の生地	全量
かぼちゃ	200g
くるみ	100g
シナモンクランブル(＊)	1回分

作り方
①かぼちゃは、種を除き、アルミフォイルに包んで、170℃のオーブンでやわらかくなるまで30分ほど焼く。粗熱が取れたら皮が厚ければ除き(皮がかたくなければそのまま使ってもいい)、約1.5cm角に切る。
②かぼちゃを生地に加え、くるみも手で割りながら加えて、スプーンで全体を混ぜる。
③用意した型に入れ、シナモンクランブルを軽く手で握って少し塊を作りながらのせ、180℃のオーブンで20分ほど焼く。

♥くるみは適量をクランブルと一緒にトッピングすると表情がついて楽しくなります。

＊シナモンクランブル

p.11のクランブルの材料にシナモンパウダー小さじ2、バニラオイル小さじ1/2を加える。シナモンは粉類と一緒に混ぜ、バターをなじませたあとにバニラをふり入れて混ぜる。
♥クランブルをトッピングする場合は、必ずあらかじめ作っておくこと、冷蔵庫で1週間もつことはp.11のクランブルと同じです。冷凍保存ができるのも同様です。

バナナ1房あれば……

まだ青くて香りが弱ければ、
つるしておきます。

少し色が変わって、香りがしてきたら　　　もっと熟れて、甘い香りが
強くなってきた今日は

　　　　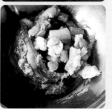

　　　　　　　　　　　　　　　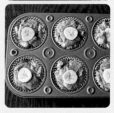

いつもの生地＋ココアで　　サワークリームがあれば　　キャラメルクリームを
もう1種類　　　　　マーブル状に生地に混ぜて

バナナココア　　バナナサワークリーム　　バナナキャラメル

バナナココア

焼けたバナナの甘い香りがたまらない……。
ココア生地のこれは、バナナマフィンの中でもやさしい味わいです。

材料
（直径7×高さ約3㎝のマフィン型5〜6個分）

p.9の基本の生地	半量
バナナ	約2本
ココアパウダー	大さじ1
粉糖	適宜

作り方
①バナナは両端を落とし、3等分に切る。
②基本の生地にココアを混ぜて、型に入れ、皮と筋を除いたバナナを1個につき1/3本ずつ真ん中に縦にさす。
③粉糖をふって、180℃のオーブンで20分ほど焼く。

バナナサワークリーム

サワークリームがとろりと焼き上がり、
酸味がバナナのこくを引き立てます。

材料
（直径7×高さ約3㎝のマフィン型5〜6個分）

p.9の基本の生地	半量
バナナ	約2本
サワークリーム	100g
粉糖	適宜

作り方
①バナナは両端を落とし、3等分に切る。
②基本の生地を型に入れ、その上にサワークリームを分け入れる。さらに上から皮と筋を除いたバナナを1/3本ずつ縦にさす。
③粉糖をふって、180℃のオーブンで20分ほど焼き、粗熱が取れてからさらに粉糖をたっぷりふる。

バナナキャラメル

トップはさっくり焼けた生地とバナナのハーモニー、
中のバナナが焼き込まれたキャラメル味の生地は、しっとり！

材料
（直径7×高さ約3㎝のマフィン型10〜11個分）

p.9の基本の生地	全量
バナナ	3本
キャラメルクリーム（p.22＊3）	100g

作り方
①バナナは、皮と筋を除き、1/2本分は10〜11等分にスライスしておく。残りは指で適当な大きさにちぎりながらつぶす。
②基本の生地にキャラメルクリームをマーブル状に混ぜ、つぶしたバナナを加えて全体を混ぜ、型に入れて、上にスライスしたバナナを飾り、180℃のオーブンで20分ほど焼く。

♥バナナココアもバナナサワークリームも、焼いて生地がふくれるとバナナの位置が動いたり、横向きになったりしますが、それぞれかわいらしい個性を楽しんで。

さつまいもメープルシロップ

じっくり焼いたさつまいもを大きめのさいころ状に切って、たっぷり入れました。
メープルシロップの独特の風味がよく合いますが、代りにはちみつを使っても。

甘栗とメープルシロップ

甘栗の食感と独特の甘さがアクセントです。
生地にもたっぷり加え、上にも丸ごとの甘栗を飾りました。

さつまいもメープルシロップ

材料
（直径7×高さ約3cmのマフィン型10～11個分）
p.9の基本の生地　　　　　　　全量
さつまいも（市販の焼きいもでもいい）400g
メープルシロップ　　　　　　大さじ4

作り方
①さつまいもは、洗って皮のままアルミフォイルに包み、170℃のオーブンでやわらくなるまで約45分焼く。粗熱が取れたら1.5cm角くらいのさいころ状に切っておく。
②生地にメープルシロップとさつまいもを加え、スプーンで全体を大きく混ぜる。
③用意した型に入れ、180℃のオーブンで20分ほど焼く。

 甘栗とメープルシロップ

材料
（直径7×高さ約3cmのマフィン型10～11個分）
p.9の基本の生地　全量
甘栗　　　　　　　30粒
メープルシロップ　大さじ4

作り方
①甘栗は、パレットナイフなどを使って殻から実を出しておく。きれいに取り出せた実を飾り用によけておく。
②生地にメープルシロップと（飾り用以外の）甘栗を加え、スプーンで全体を大きく混ぜる。
③用意した型に入れ、飾り用の栗をのせ、180℃のオーブンで20分ほど焼く。

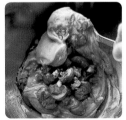

♥甘栗は、むくときに実がくずれがちですが、中に混ぜる栗はそのほうが都合がいいので大丈夫。はじめから殻が割れているタイプの甘栗は、むくのがとても楽でおすすめです。
♥このページの2つのマフィンはどちらもメープルシロップ風味の生地を使いますから、一度に2種類焼くこともできます。さつまいもと甘栗は、分量の半量ずつ用意し、メープルシロップを混ぜた生地を分け、それぞれに混ぜて焼きます。

パイナップルキャラメル

はっきりした風味を持つパイナップルとキャラメルクリームが合わさると
意外なほど洗練された大人っぽい味わいを生みます。

ラズベリーキャラメル

キャラメルクリームを焼き込んだマフィンは、どれも大人気。
キャラメルの甘さに、酸味のあるラズベリーがまたよく合うのです。

 パイナップルキャラメル

 ラズベリーキャラメル

材料
（直径7×高さ約3cmのマフィン型10〜11個分）

p.9の基本の生地	全量
パイナップル	450g
キャラメルクリーム（p.22＊3）	100g

作り方
①パイナップルは、皮と芯を除いて約1.5cm角に切っておく。
②生地にキャラメルクリームを加えて、スプーンでマーブル状になるように混ぜる。
③パイナップルを入れて、大きく全体を混ぜ、用意した型に入れて、180℃のオーブンで20分ほど焼く。

♥このページのマフィンもどちらも同じ風味の生地で作りますから、p.28のさつまいも、甘栗のマフィンと同様に、生地を分けて一度に2種類を焼くこともできます。

材料
（直径7×高さ約3cmのマフィン型10〜11個分）

p.9の基本の生地	全量
ラズベリー（冷凍でもいい）	200g
キャラメルクリーム（p.22＊3）	100g

作り方
①生地にキャラメルクリームを加えて、スプーンでマーブル状になるように混ぜる。
②ラズベリーを入れて、大きく全体を混ぜ、用意した型に入れて、180℃のオーブンで20分ほど焼く。

♥ラズベリーが冷凍の場合は、解凍せずに使います。生でも冷凍でもくずれやすいので、ざっくりと大きく混ぜます。

2½ pounds pate sucree
1½ pounds walnut frangipane
4 pounds Golden Delicious apples
2oz butter · melted
4oz sugar
½ teaspoon cinnamon
Egg wash

1. Prepare the dough and chill it.
2. Prepare the walnut filling and spread it evenly on the dough.
3. Peel, core and slice the apples and fan them out on the filling. Paint the apples with the butter and sprinkle evenly with the cinnamon sugar.
4. Roll the dough like this!
   Egg wash then
   Bake at 350 degrees
   30 ~ 40 minutes.
   Cool the tart...

→ APPLE WALNUT LATTICE TART

LATTICE
DIAGONAL PERPENDICULAR

1 pound pate brisee
2 pounds sweet apple filling
1½ butter
bad heat / granulated sugar

Egg wash then
Bake at 350 degrees
30 ~ 40 minutes.
Cool the tart...

APPLE PIE

APPLE PIE

→ 1½ pounds unbleached a·p flour
→ ½ pound cake flour
→ 1½oz baking powder
→ 1½ teaspoons salt
→ 5oz butter / 6oz sugar / 5 eggs
→ 5oz dark raisins (optional) / 1pint milk
→ 1 Egg wash

1. Combine flours, baking powder, salt, in a bowl.
2. Beat butter and sugar until soft and light. (Add optional raisins, if used.)
3. Whisk eggs and milk, stir into flour and butter mixture to form a smooth dough. Not over mix!!!
4. Cut the scone with a round cutter. Egg wash, Bake scones at 350 degrees about 10 to 15 min.

SCONES

you can use any type of cutter.

4oz unsalted butter
→ 8oz dark brown sugar
1 teaspoon salt
→ 3 eggs
12oz cake flour
→ 1 teaspoon baking powder
→ 3oz bran
10 flz milk
1 flz molasses

1. Cream the butter with sugar and salt until light. Beat the eggs, one at a time, until smooth.
2. Mix the flour and baking powder and bran together well, and stir into batter alternating with the milk and molasses.
3. Fill the batter into fifteen muffin pans lined with paper cups. Bake muffins at 375 degrees about 30 min, until well risen and deep golden. Cool the muffins in the pan.
※ you can add 5oz dark raisins too.

BRAN MUFFINS

PEAR CUSTARD TART
... you can use any kind of fruit.
(apple, or something)

pate sucree
6 to 8 packed pear halves
1oz cinnamon sugar (1oz sugar, ¼ teaspoon cinnamon)
6 floz heavy cream
2oz sugar
1 floz pear eau-de-vie
5 egg yolks

1. Roll the dough into a 10-inch tart pan. Chill the dough several hours (or over night).
2. Combine all ingredients (except pear and cinnamon sugar) until smooth.
3. Pour over pear halves arranged in tart shell before baking. Sprinkle with cinnamon sugar.
4. Bake at 350 degrees for about 35 minutes. Remove tart from oven, cool the tart...

Apricot Muffins
アプリコット マフィン

薄力粉	250g
ベーキングパウダー	61/2 tsp
無塩バター	100g
グラニュー糖	120g
卵	2個
牛乳	180cc
アプリコット	1缶 (480g)
フィリング 杏ジャム	70g
水	100cc 1/2~3
レモン汁	小さじ1/2

1. アプリコットは汁気をきって1個を4つに切る。
2. ボウルにバターを入れ、湯煎で柔らかくする。グラニュー糖をつめて混ぜ、とき卵を2～3回に分けて加え、1回ごとによく混ぜる。
3. ふるった粉を2～3回に分けて加える。
4. 型に入れアプリコットを入れて180℃のオーブンで約40分焼く。
5. フィリングを作り、焼き上がりにぬる。

フランボワーズ		アップル プディング	
無塩バター	20g	りんご	2コ
ブラウンシュガー	20g	グラニュー糖	大1
強力粉	20g	レモン汁	大1
ベーキングパウダー	40g	ラム酒	3x1コ
		シナモン	小2
無塩バター	180g		
ブラウンシュガー	65g		
三温糖	65g		
卵	3コ		
強力粉	180g		
ベーキングパウダー	小1		

1. フランボワーズを作る。室温に戻したバターとその他の材料をボウルに入れる。
2. アップルプディングを作る。りんごは皮をむき、いちょう切りにする。なべにりんご、グラニュー糖、レモン汁を入れ、バットに出して冷ます。ラム酒とシナモンを加える。
3. 生地を作る。バターを柔らかくクリーム状にし、ブラウンシュガーと三温糖を3回に分けて加え、よく混ぜる。

Ari's notes

レシピノートから

お菓子を作って、写真に撮って、レシピをまとめてノートを作る……子どものころから、一人で本作りの
まねごとのようなことをしてきました。たくさん持っているお菓子の本の中から今日作りたいレシピを探
す、それがめんどうで、それなら自分のお気に入りのお菓子を1冊にまとめておこうと思ったのが最初で
した。

大学を卒業して、やっぱりお菓子作りから離れたくないと思い、製菓を勉強する先を探しました。ヨーロ
ッパとアメリカを見て回る機会に恵まれましたが、子どものころから縁があったからでしょうか、ニュー
ヨークの街の空気がいちばん肌に合うと感じました。そしてNYでも変わらずに、学校で習ったお菓子を
復習して作っては、光がきれいなうちに、と外で撮影場所を見つけてシャッターを切り、レシピノートに
まとめました。そのときのノートは、厚いのが2冊。今思うと、もっと街を見たり、遊んだりしておけば
よかったと思うくらい……。ヨーロッパのことも、今ならあの伝統が生きた個性にも触れておけばよかっ
たかな、と思います。でも美術も音楽も食も、あらゆるものが前を向いているようなエネルギッシュなN
Yの空気にひかれたことや、来る日も来る日もお菓子を焼いて、写真に撮っては様々な表情に気づいて、
味わって、過ごしたことが、今の私のお菓子のスタイルを作ってくれていると思います。

やっぱり私は焼き菓子が、元気でカジュアルな心地よさのあるアメリカンケーキが好きです。

梨

しゃきしゃきしたみずみずしさを
そのままマフィンの生地に包み込んで焼き上げます。
バニラシュガーのトッピングは、食感、甘み、みずみずしさに効果大です。
自分の名前のくだものなので、ぜひ焼きたかったマフィンです。

フルーツが生地に包まれると……
新しいおいしさの誕生。

くだものの風味を丸ごと焼き込みます。
できるだけたっぷりと……手作りならではの味わいを！

それぞれの季節だけのお楽しみ、
シーズナブルマフィンです。

窓の外の季節の移り変わりで思い出す組合せがあります。
マフィンの楽しみは、一年中です！

 梨

材料
（直径7×高さ約3cmのマフィン型10〜11個分）

p.9の基本の生地	全量
梨（幸水、豊水など）	3〜4個
バニラシュガー（p.13＊）	適宜

作り方
①梨は、型の直径より少し小さくなるよう3〜4等分にして、皮と芯を除く。面取り（切り口の鋭角な部分を落として丸みをつける）をして、表側には縦に数本切れ目を入れる。
②用意した型に生地を入れ、上に梨をのせる。
③バニラシュガーをたっぷり（基本の型1個につき約小さじ1）ふりかけ、180℃のオーブンで20分ほど焼く。

♡梨は、果肉がやわらかく、甘みが強くて果汁も多い品種が向きます。未熟でかたすぎるものは避けて。小さい型で焼くよりも基本の型くらいの大きさで大ぶりに切った梨をのせて焼いてみてください。
♡焼き上がったマフィンを型から取り出すときは、5本の指で全体をつかんでそっと持ち上げるのがこつ。特に梨のマフィンのようにこわれやすい形のときは気をつけて。

洋梨キャラメル
日本の梨とはまた違う甘みや香り、なめらかな食感を
キャラメルクリームとご一緒に生地に練り込みました。

りんご
アップルパイや焼きりんごとは、また違った焼上り。
A.R.Iでは、みつが入ることが多くて酸味も甘みも強いふじを使っています。

 洋梨キャラメル

 りんご

材料
（直径7×高さ約3cmのマフィン型10〜11個分）

p.9の基本の生地	全量
洋梨	中2個
キャラメルクリーム（p.22＊3）	100g

作り方
①洋梨は、皮と芯を除き、約1.5cm角に切る。
②生地にキャラメルクリームを加え、スプーンでマーブル状になるよう全体を混ぜる。
③❷の生地に洋梨を加え、全体を混ぜて、用意した型に入れて、180℃のオーブンで20分ほど焼く。

材料
（直径7×高さ約3cmのマフィン型10〜11個分）

p.9の基本の生地	全量
りんご	3〜4個
バニラシュガー（p.13＊）	適宜

作り方
①りんごは、型の直径より少し小さくなるよう3〜4等分にし、皮と芯を除いて、面取り（切り口の鋭角な部分を落として丸みをつける）し、表側に縦に数本切れ目を入れる。
②用意した型に生地を入れ、上にりんごをのせる。
③バニラシュガーをたっぷり（基本の型1個につき約小さじ1）ふりかけ、180℃のオーブンで20分ほど焼く。

♥写真はりんごを6〜8等分に切り、小さめの型で焼いたものも添えました。

ラズベリーストロベリー、シナモン

2種類のベリーそれぞれの甘ずっぱさに、アイシングの甘い香り。
ケーキと呼びたくなるような大人っぽい組合せのです。

 ラズベリーストロベリー、シナモン

材料
（直径7×高さ約3㎝のマフィン型10～11個分）

p.9の基本の生地	全量
いちご	8～10粒
ラズベリー（冷凍でもいい）	40粒
シナモンパウダー	小さじ3
アイシング（p.17＊）	1回分

作り方
①いちごは、へたを取り、4等分に切る。
②生地にシナモンパウダーを混ぜてから、いちごとラズベリーを加え、スプーンでくだものをつぶさないよう大きく混ぜ、用意した型に入れて、180℃のオーブンで20分ほど焼く。
③粗熱が取れたら、アイシングをかける。

♥このマフィンも、小さく焼くより大きめの型で、ラズベリーと大きめに切ったいちごをたっぷり入れて焼くのがおすすめです。
♥ラズベリーが冷凍のときは、凍ったまま混ぜます。

さくらんぼ

材料
（直径7×高さ約3㎝のマフィン型10～11個分）

p.9の基本の生地	全量
さくらんぼ	24～30粒
アイシング（p.17＊）	1回分

作り方
①さくらんぼは、へたを取り、ナイフで半分に切って、種を除く。
②生地にさくらんぼを加えて、スプーンでさくらんぼをつぶさないよう大きく混ぜ、用意した型に入れて、180℃のオーブンで20分ほど焼く。
③粗熱が取れたら、アイシングをかける。

♥さくらんぼは適量を上に飾ると実が目立ち、アイシングの白がかかってかわいらしく仕上がります。

マンゴーキャラメル

こくのあるキャラメル風味のあとに広がる、
甘ずっぱくてジューシーなマンゴーが印象的なマフィンです。

白桃

果肉を大きめに切って、たっぷり生地に加えました。
桃の香りにアイシングのバニラの香りが、
とてもよく合います。

 マンゴーキャラメル

 白桃

材料
（直径7×高さ約3cmのマフィン型10〜11個分）
p.9の基本の生地　　　　　　　　全量
マンゴー（種類はお好みで）
　　フィリピンマンゴーの大きさで 2個
キャラメルクリーム（p.22＊3）　100g
作り方
①マンゴーは、皮と種を除き、約1.5cm角に切る。
②生地にキャラメルクリームを加えて、スプーンでマーブル状になるように混ぜる。
③マンゴーを入れて全体を大きく混ぜ、用意した型に入れて、180℃のオーブンで20分ほど焼く。

材料
（直径7×高さ約3cmのマフィン型10〜11個分）
p.9の基本の生地　　　　全量
白桃　　　　　　　　　　小2個
アイシング（p.17＊）　1回分

作り方
①白桃は、皮をむいて種を除き、約1.5cm角に切る。
②生地に白桃を混ぜて、果肉をつぶさないようにスプーンで大きく混ぜ、用意した型に入れて、180℃のオーブンで20分ほど焼く。
③粗熱が取れたら、アイシングをかける。

♥桃は、完全に熟してやわらかくなる前に使ったほうが作りやすいのでおすすめです。やわらかくなりかけている桃を使うときは、生地に直接混ぜずに、型に入れるときに生地を入れては桃を散らすことを繰り返し、層になるようにするといいでしょう。
♥桃は香りがやさしいので、小さい型で焼くよりも、大きめの型でたっぷり果肉を入れて焼いてください。

無花果

半割りにしたいちじくの姿もかわいらしくて……。秋の訪れを感じるマフィン。
アーモンドクリーム入りの生地にいちじくを合わせました。

柿

タルトを焼くようなイメージで作りました。
アーモンドクリームと柿の取合せです。

無花果

 柿

材料
（直径7×高さ約3cmのマフィン型10〜11個分）
p.9の基本の生地	全量
いちじく	5〜6個
アーモンドクリーム（＊）	1回分
バニラシュガー（p.13＊）	適宜

作り方
①いちじくは、へたを落とし、縦半分に切って、下部のへこんだ部分をV字に除く。
②用意した型に生地、アーモンドクリーム、生地、アーモンドクリームの順で層にして分け入れる。
③いちじくを切り口を上にしてのせ、バニラシュガー（基本の型1個につき約小さじ1）をふって、180℃のオーブンで20分ほど焼く。

♥できれば、半分に切ったいちじくがのる大きさの型で焼いてください。小さめに作りたいときでも、最小でいちじくの4等分がのるサイズにしてください。

材料
（直径7×高さ約3cmのマフィン型10〜11個分）
p.9の基本の生地	全量
柿	中3〜4個
アーモンドクリーム（＊）	1回分
バニラシュガー（p.13＊）	適宜

作り方
いちじくのマフィンの手順と同様。柿は、型の直径より少し小さいくらいになるよう3〜4つ割りにして、へた、皮、種があれば種を除き、面取り（切り口の鋭角な部分を落として丸みをつける）する。

♥柿は、できれば種なしを使ってください。種を除かなくていいので、実くずれしにくくなります。熟してやわらかくなる少し前のものがおすすめですが、かたすぎたりやわらかすぎなければ大丈夫。

＊アーモンドクリーム

材料（でき上り約360g。基本の型で10〜11個分）
無塩バター100g、粉糖80g、サワークリーム10g、卵黄1個分、薄力粉、アーモンドパウダー各75g。

作り方
①バター、卵黄、サワークリームは室温にもどしておく。薄力粉はふるう。②泡立て器でバターを練り、粉糖を2回に分けて加え、よく混ぜる。③サワークリームを加えて白っぽくなるまで混ぜ、卵黄を加えてよく混ぜる。④へらに替えて、薄力粉とアーモンドパウダーを入れ、へらで押しつけながらなじませるようにして全体を混ぜる。

♥冷蔵庫で3、4日もつので、あらかじめ作っておくと、いちじくや柿のマフィンが簡単に作れます。

Only one

オリジナルの楽しみ

粉とバターと卵で焼く生地の焼き色に、くだものや野菜、ナッツやソースで色や形を加え、自分なりのお菓子のデザインができるなんて楽しいと思いませんか。どんなふうに焼き上がるか毎回少しずつ違うのもわくわくします。

味、デザインともに満足するマフィンが焼けたときは、本当にうれしい。このおもしろさを皆さまにも提案したいと思います。

p.2でもお伝えしましたが、基本を守ることは大切です。基本の材料や配合には、ちゃんと意味があります。基本を守ったうえでなら、加える材料や組合せは自由です。加える量も、生地に混ぜるフィリングが、チョコレート、丸ごとや刻んだくだもの、野菜やチーズなど固形の場合なら、好みの量を加えても大丈夫。甘みや塩気を控えたかったら少なめに、大好きなものだったら多めに入れて楽しんでください。その場合、フィリングの一部をトッピングするかしないかでも、マフィンの表情が変わります。クリームや液体、すりおろしなど生地に混ぜると一体化するような材料は、まずは基本の割合を守ってください。

このページで紹介するのは、果肉が真っ赤なブラッドオレンジのマフィン。元気で陽気な赤と凝縮された甘ずっぱさを生かしたくて、刻んだ果肉を生地に混ぜ、大きな輪切りを上にのせることにしました。オレンジの皮が少しかたいけれど、焼き上がったときの色や形のインパクトも大好きなので、このスタイル。春になって熟したものが輸入されはじめると、A.R.Iに並びます。A.R.Iらしいマフィンだと思っています。

こんなふうに皆さまも自分らしいマフィンを焼いてみてください。

 ## フレッシュブラッドオレンジ

材料
（直径7×高さ約3cmのマフィン型10〜11個分）
p.9の基本の生地　　　　　　全量
ブラッドオレンジ　　　　　　中2〜3個
バニラシュガー（p.13＊）　　適宜

作り方
①ブラッドオレンジは、1個は型と同じくらいの直径の薄い輪切りを10〜11枚切っておく。残りのオレンジは、薄皮ごと皮をそぐようにしてむき（p.17のグレープフルーツと同じ）、芯のかたい部分を残すようにしながら果肉を（間の薄皮は除かなくていい）約2cm角に切る。
②生地に2cm角に切ったオレンジを加えて混ぜ、用意した型に入れる。
③輪切りにしたオレンジをそれぞれにのせて、バニラシュガーをふり（基本の型1個につき約小さじ1）、180℃のオーブンで20分ほど焼く。

MUFFINS
Light Meal
お食事マフィン

NYでは食事に添えるパン代りのマフィンも焼いていました。

「甘くないマフィンも」の要望にこたえる、

A.R.Iのもう1つの定番もご紹介します。

朝食やランチ、ちょっとおなかがすいたときにも

楽しめるマフィンの数々です。

プレーン

牛乳、バター、卵……素材の味をストレートに楽しめます。
サラダやスープにもぴったりのシンプルなマフィンですが、
コーヒーや紅茶とそのまま楽しんでも充分に満足できるリッチな味わいだと思います。

コーングリッツの香ばしさ、黒こしょうの香り！

お食事感覚で楽しめるマフィンも、基本の生地は1つ。
プレーンでも、様々な素材を焼き込んでも、それぞれにおいしい配合です。

1日のスタートやおなかがすいたときにも。

朝食やランチにも。甘いものが苦手なかたにも。
マフィンの楽しみ方が、もっともっと広がります。

 プレーン

材料
（直径7×高さ約3cmのマフィン型10〜11個分
違うサイズで作るときはp.60参照）
お食事マフィンの基本の生地

無塩バター	120g
グラニュー糖	40g
コーングリッツ（p.62参照）	40g
卵（L）	2個
薄力粉	260g
ベーキングパウダー	大さじ1
塩	小さじ1/4
粗びき黒こしょう	小さじ1/4
牛乳	180ml
コーングリッツ	適宜

準備
・バター、卵、牛乳は室温にもどしておく。冷たさが残っていると分離しやすくなるので、寒い時期は特に注意。
・薄力粉、ベーキングパウダー、塩は合わせてふるい、粗びきこしょうを加えておく。
・型に専用のグラシン紙のケースを敷く（紙の型を使うときは不要）。
・オーブンを180℃に温める。

作り方

①基本の生地を作る。ボールにバターを入れて泡立て器でほぐし、グラニュー糖を加えてよく混ぜ、コーングリッツも入れて白っぽくなるまで混ぜる。

②よくほぐした卵を3回に分けて加える。卵を加えるたびに泡立て器を勢いよく回してなじませる。

③へらに替えて、粉類の1/3量を入れ、ボールの底から大きく返して混ぜる。粉気が少し残っているくらいで牛乳の1/2量を入れてなじませる。

④再び粉の1/3量を入れて全体をざっと混ぜ、牛乳の残りを加えてなじませる。残りの粉を加えて、底から大きく返しながら空気を含ませるような感じで全体を混ぜる。粉や牛乳を加えるごとに混ぜすぎているとグルテンが出るので、ここまで手早く混ぜる。

⑤スプーンですくって、型に落とすようにして

入れ、コーングリッツをたっぷり（基本の型で各小さじ1～2）トッピングする。

⑥180℃のオーブンで20分ほど焼く。オーブンから出して型のまま粗熱を取る。

♥ p.9のスイートマフィンの生地の作り方を参考にしてください。混ぜ方、焼き方などの基本は同様です。

♥ 基本の生地作りは、準備から作り方④まで、p.59までのマフィンに共通です。

♥ スイートマフィンの生地と比べると牛乳が多いので、作り方③④では水分が多く混ぜにくい段階がありますが、なるべく大きく底から混ぜて、練らないようになじませます。スイートマフィンの生地同様のつやのある生地をめざしてください。

♥ お食事マフィン（特にp.50～59で紹介する具入り）は、まずは大きめの型で焼くことをおすすめします。たっぷりの具と生地をバランスよく楽しめるよう考えたレシピだからです。

あめ色玉ねぎ

最初のお店のオープニングに、友人がカナッペ用に作ってきてくれた炒め玉ねぎ。
そのおいしさを生かしたくて考えて以来、毎日焼いているマフィンです。

 あめ色玉ねぎ

材料
（直径7×高さ約3cmのマフィン型9個分）
p.48の基本の生地　全量
あめ色玉ねぎ（仕上り約350g分）

玉ねぎ	小5個
サラダ油	大さじ2〜3強
無塩バター	40g

作り方
①あめ色玉ねぎを作る。皮をむいた玉ねぎは、
5mm幅程度のざく切りにする。サラダ油をひい
た厚手のなべで玉ねぎ1個分ほどを炒める。し
んなりしたら、同量の玉ねぎを加えてゆっくり
炒める。
②しんなりしたら残りの玉ねぎを加えて、途中
こげつきそうなら油を足しながら、こがさない
よう時々かき混ぜて約40分炒める。色がつきは
じめたらバターを加えて、さらに濃いあめ色に
なるまで20分ほど炒める。完全に冷ましておく
（急ぐときは粗熱を取って、冷蔵庫へ）。
③基本の生地に❷のあめ色玉ねぎを加え、へら
で底から大きく全体をよく混ぜる。
④用意した型に入れる。重い具が入るので、型
には普通よりも多めに生地を入れたほうがきれ
いにふくらむ。
⑤180℃のオーブンで20分ほど焼く。

💛 あめ色玉ねぎは、2〜3日なら冷蔵、それ以上は冷
凍保存ができるので、あらかじめ作っておくと、食べ
たいときに手軽に焼けます。小分けして冷凍すれば、
少量焼きたいときに便利です。

ゴルゴンゾーラクランブル

ブルーチーズがはちみつやマーマレード、甘口のワインなどと合うように
トッピングした甘いクランブルとの相性にファンが多いマフィンです。

「グルメマフィン」ですって！

ランチにも充分満足なくらいに作りましょう。
ワインと一緒に楽しみたい、という声も……。"大人のマフィン" をどうぞ。

フィリング入りは、リッチに、大胆に。

これも自家製ならではのポイント。
たとえばゴルゴンゾーラは、大きな塊を真ん中にどんと1つ。

 ゴルゴンゾーラクランブル

材料
（直径7×高さ約3cmのマフィン型10個分）
p.48の基本の生地　　　全量
ゴルゴンゾーラチーズ　約200g
クランブル（p.11＊）　1回分

作り方
①チーズは3cm角に切る。
②用意した型に生地の半量強を入れ、それぞれ
の真ん中に❶のチーズを置き、残りの生地をの
せて覆うように軽く形を整える。
③クランブルを軽く握って少し塊ができるよう
にし、たっぷりトッピングして、180℃のオー
ブンで20分ほど焼く。

♥ブルーチーズは手に入るものでかまわないのですが、
種類によって塩気がだいぶ異なります。薄くても強す
ぎても、クランブルの甘さとのバランスが変わるので、
できればゴルゴンゾーラ（辛口でないタイプ）でお試
しください。

サーモンクリームチーズ

中の具が生地よりも多いのでは、と思うくらいたっぷり入れています。
それでもちゃんとマフィンに焼き上がって、食べやすいバランスに仕上がります。

材料
（直径7×高さ約3㎝のマフィン型10〜11個分）

p.48の基本の生地	全量
スモークトサーモン（薄切り）	200g
クリームチーズ（塩気が強すぎないもの）	250g
セルフイユ	適宜

作り方
①サーモンは大きめの一口大に、チーズは約1.5
cm角に切る。
②用意した型に生地の1/3強を入れ、サーモン、
チーズ（２きれずつ）をのせ、再び同量の生地、
サーモン、チーズを入れて層にする。残りの生
地で覆い、チーズを１きれずつのせる。
③セルフイユを飾り、180℃のオーブンで20分ほ
ど焼く。

プチトマトマスカルポーネ

トマトとフレッシュチーズの取合せでも、チーズがやさしい甘さを持つタイプなので、
マフィンの生地に包まれて、やはりお菓子に近い焼上り。そこが気に入っています。

材料
（直径7×高さ約3cmのマフィン型10〜11個分）

p.48の基本の生地	全量
プチトマト	20〜22個
マスカルポーネチーズ	250g

作り方
①プチトマトは、へたを取り、半分に切る。
②用意した型に生地の半量を入れ、マスカルポー
ネ約大さじ1をのせ、❶のトマト2きれを軽
く埋めるように置く。残りの生地の半量を入れ、
同様にマスカルポーネ大さじ1弱、トマト1き
れを重ねる。
③残りの生地をのせ、指とスプーンを使ってチ
ーズが出ないように生地で覆い、表面をなめら
かに整える。トマト1きれを飾る。
④180℃のオーブンで20分ほど焼く。

ツナサワークリーム、スキャリオン

スキャリオンは、英語で青ねぎのこと。ＮＹでよく使いました。
ボリューム感がありますが、サワークリームの酸味とねぎの風味で
飽きのこないマフィンです。

材料
（直径7×高さ約3cmのマフィン型10〜11個分）
p.48の基本の生地	全量
ツナ缶	1缶（200g）
万能ねぎ	12本
サワークリーム	200g

作り方
①ツナは油をきっておく。万能ねぎは小口切り
にする。
②生地にツナと万能ねぎを加え、スプーンで大
きく混ぜる。
③用意した型に生地の半量強を入れて、サワー
クリーム（基本の型1個につき大さじ1弱）を
のせ、残りの生地を重ねて、残りのサワークリ
ームをトッピングし、180℃のオーブンで20分
ほど焼く。

ローストガーリック

ローズマリーの風味をつけてじっくりローストしたにんにくを生地に練り込みます。
たっぷりのサラダと一緒にいかがでしょう。

材料
（直径7×高さ約3cmのマフィン型10〜11個分）

p.48の基本の生地	全量
ローストガーリック	
にんにく	大1個
サラダ油	100ml
ローズマリー	1枝
ローズマリー（生地用）	1枝

作り方

①ローストガーリックを作る。にんにくは、薄皮をむき、1かけが大きいものは縦半分に切り、芽のあるものは取り除く。ローズマリーは、ガーリック用、生地用どちらもさっと熱湯に通して、キッチンペーパーなどでよく水気をぬぐう。

②厚手の耐熱容器に❶のにんにくとローストガーリック用のローズマリー、油を入れて、アルミフォイルをぴっちりかぶせ、170℃のオーブンで30分ほど焼く。様子を見て、全体が透き通ってうっすらと色づいていたらアルミフォイルを戻して余熱を生かして自然に冷めるまでおいておく。

③❷のにんにくは、飾り用をとりおき、残りのにんにくと香りが移った油大さじ2を生地に加える。

④生地用のローズマリーを、飾り用を少し残して葉をちぎりながら❸の生地に加える。スプーンで全体を混ぜ、用意した型に入れる。

⑤とりおいたにんにくとローズマリーを飾り、180℃のオーブンで20分ほど焼く。

お気に入りの料理や食材があれば……

基本の生地は同じだから

ラタトゥイユを
作った

お気に入りの
ドライトマトを見つけた

モッツァレッラで
もう1種類

ラタトゥイユ

ドライトマト＆
モッツァレッラ

バジルオレンジ、
モッツァレッラ

＊ラタトゥイユ

材料（1回に作りやすい分量。でき上り約800g）
玉ねぎ1個、赤、黄ピーマン各1個、ズッキーニ
1本、なす3本、白ワインビネガー100ml、トマ
トペースト大さじ4、塩、黒こしょう各小さじ1/2、
サラダ油適宜。

作り方
①なす以外の野菜はすべて一口大に切る。②厚手
のなべにサラダ油を熱し、玉ねぎを炒めて、透明
になってきたらピーマン、ズッキーニの順に入れ

てその都度炒める。なすを一口大に切り、切った
そばからなべに加えて炒める。油が足りないよう
なら適宜足す。③ビネガーを入れて強火にして煮
立て、酸気を飛ばしつつ少し煮つめたら、弱火に
してトマトペーストを全体にからめる。④塩、こ
しょうで味を調える。

♥まずは、もちろんそのままで。冷蔵庫で1週間ほ
どもちます。

ラタトゥイユ

A.R.Iの夏の人気ものです。トマト味のマフィンが作りたくて誕生しました。
冷えた白ワインと楽しみたい、という声が多数！

材料
（直径7×高さ約3cmのマフィン型10〜11個分）
p.48の基本の生地　　全量
ラタトゥイユ（＊）　　約400g

作り方
生地にラタトゥイユを加え、スプーンで大きく
混ぜ、用意した型に入れて、180℃のオーブン
で20分ほど焼く。

- -

ドライトマト&モッツァレッラ

説明するまでもない、完成されたコンビネーションを焼き込みました。
もちろんモッツァレッラは、たっぷり使います。

材料
（直径7×高さ約3cmのマフィン型5〜6個分）
p.48の基本の生地　　　　　　半量
ドライトマトのオイル漬け（薄塩）　3〜4きれ
モッツァレッラチーズ　　　　約125g

作り方
①ドライトマトは1.5cm角に切る。モッツァレッ
ラは5〜6等分に切る。
②生地の半量強を型に入れ、モッツァレッラ1
きれとドライトマト3〜4きれずつを置き、残
りの生地を入れて、スプーンと指を使って具が

出ないように生地で覆って整える。
③180℃のオーブンで20分ほど焼く。

♥ドライトマトもモッツァレッラもこげやすいので、
生地で覆うのがこつです。

- -

バジルオレンジ、モッツァレッラ

ミルキーなモッツァレッラとジューシーなオレンジを生地に、
バジルをトッピングにのせました。

材料
（直径7×高さ約3cmのマフィン型5〜6個分）
p.48の基本の生地　　半量
オレンジ　　　　　　1個
モッツァレッラチーズ　約125g
バジルの葉　　　　　5〜6枚

作り方
①オレンジは、ナイフで皮を薄皮ごとそぐよう
にむき（p.17のグレープフルーツと同じ）、果
肉を1.5cm角に切る（間の薄皮は除かなくても
いい）。モッツァレッラは5〜6等分に切る。
②生地に❶のオレンジを加えて混ぜ、半量強を

型に入れる。
③モッツァレッラを1きれずつのせて、残りの
オレンジ入り生地をのせ、スプーンと指を使っ
て具が出ないように生地で覆って整える。
④バジルの葉を1枚ずつ飾りにのせ、180℃の
オーブンで20分ほど焼く。

マフィンとビスケット作りの道具と材料

♥この本で使う大さじは15ml、小さじは5mlです。
♥この本で使う卵は、すべてL玉です。

おすすめの基本の型
（直径7cm、高さ約3cmのマフィン6個分）

カップケーキ用
グラシン紙のケース

A.R.Iでも使っている
小さなマフィンが焼ける型
（直径5.5cm、高さ3cm）

手軽な紙のマフィン型

型として使える、
耐熱性のプリン型

マフィン型

おすすめの基本の型は、直径7㎝、高さが約3㎝のマフィンが6個焼けるもの（26.5×18×3㎝）で、こびりつき防止加工されたものです。ここにカップケーキ用のグラシン紙のケース（基本の型で直径5㎝、高さ3㎝を使用）を敷きます。A.R.Iでは、大きなマフィンと小さいマフィンを焼きますが、家庭のオーブンで作りやすく、ご紹介したマフィンのおいしさがバランスよく焼き上がるのでおすすめしたい大きさがこの型です。手持ちのサイズ違いの型や手軽な紙のマフィン型、耐熱性のプリン型（できればこびりつき防止加工）などを利用するときは、型の大きさで焼き時間が変わるので注意してください。直径や高さが大きくなって1個あたりの容量が増えれば焼き時間は長くなります（たとえば直径約7.5㎝、高さ約4㎝なら焼き時間は約25分）。小さい型は、当然短くなりますが、大きく焼くときほどの時間の差は出ないようです（直径5.5㎝、高さ3㎝なら18〜20分）。また、生地を入れるときは型の形にも注目してください。基本の型のように底より口径が広く、斜めに立ち上がっている場合は、生地をこんもり入れても大丈夫。円筒形の型は、八分目くらいにしておきましょう。大きく焼くほうがおすすめのマフィンもあるので、作り方ページのアドバイスを参考にしてください。

ボールと泡立て器

バターと砂糖をよく混ぜて、卵をなじませるには泡立て器が欠かせません。また、空気を含むよう勢いよく混ぜたり、分離しないよう手早くなじませるので、ボールもある程度大きさがあったほうが作業がしやすくなります。ボールと泡立て器のカーブが合っているのが理想的です。

へら、スプーン

マフィンの生地に粉を混ぜるときはへらを使います。グルテンが出すぎないよう練らないように大きく混ぜます。マフィンを型に入れるときや、ビスケットの生地がまとまるまで混ぜるときなどは、スプーンを使います。自分の手の延長のように使えると、お菓子作りが楽になります。手になじむへらやスプーンは、大切な道具です。

ビスケットの抜き型

ビスケットは、型で抜くか、包丁で切って成形します。よくふくらんで外は香ばしく、中はふわっと焼くためには、成形もこつの1つ。型を使うなら基本は丸形で生地に当たるエッジが比較的鋭利なもので。コップなどで代用するとふくらみが悪くなります。四角や三角に切るときは包丁の刃全体を当てて押し切ります。断面がよれたり、つぶれたりするような切り方はしないようにしてください。

ブラウンシュガー

色のついた砂糖の総称で、実は製法も異なる様々なタイプがあります。A.R.Iのマフィンに使っているのは「ブラウンシュガー」という製品名で売られている、さらさらとした薄茶色の砂糖です。上白糖やグラニュー糖よりも、香りもこくも強いものです。写真の商品よりも色が濃いものもあり、風味も変わりますが、その場合もほかの砂糖をブレンドしたりせずに、まずは基本のレシピで作ってみてください。

コーングリッツ

p.46〜59のマフィン（Light Meal）に欠かせません。とうもろこしを粉砕した胚乳の部分で、コーンフラワー、コーンミールよりも粒子の粗いものがコーングリッツです。ぷちぷちとした独特の食感と香ばしさがあります。イングリッシュマフィンのトッピングによく使われています。

粗びき黒こしょう

コーングリッツとともにp.46〜59のマフィン（Light Meal）の生地の風味に欠かせません。こしょうひきで細かくひいたものでは、風味が変わってしまいます。砕いてもいいのですが、どうしてもむらができるので、市販の粗びきタイプがおすすめです。

乳脂肪分35％の生クリーム

プレーンビスケットは牛乳を使いますが、ほかのビスケットには牛乳を生クリームに替えてしっとりした生地に仕上げるものもあります。その場合は、純正で乳脂肪分35％のものを使ってください。乳脂肪分が低いものや植物性脂肪の混ざったものでは、風味が違ってしまいます。マフィンに使うキャラメルクリームも純正のほうが断然おいしい。

BISCUITS ビスケット

アメリカでパン代りにするビスケットです。
A.R.I のビスケットは、
バリエーションにより生地に加える水分を工夫して、
風味と食感を変えてあります。
でも、どれも生地自体がよくふくらんで、
外がさっくりと食べ心地がいいように焼き上げています。

プレーン

粉に加える水分は、卵と牛乳。生クリームや卵だけよりもさっくりと焼き上がります。
卵のこくを生かした配合です。

アメリカのパン代り、ホットビスケットです。

外はさくっ、中はふっくらが自慢。
スコーンのようだけど、
これはやっぱりアメリカの "ビスケット" です！

さらさら&なめらかに。

バターの温度に気をつけて、粉と手早くさらさらに混ぜ、
こねすぎずに、リズミカルに作るのがこつ。

朝ごはんに、焼きたての幸せのすすめ。

前の晩に材料の計量さえ済ませて冷蔵庫に入れておけば、
翌朝さっと焼けます。

 プレーン

材料
（直径6㎝の抜き型で6個分）

薄力粉	250g
ベーキングパウダー	大さじ1
グラニュー糖	35g
塩	小さじ1/4
無塩バター	90g
a 卵	1個
牛乳	適宜
（卵と合わせて120mlになるようにする）	
打ち粉（薄力粉）	適宜
生クリーム（または、牛乳）	適宜

準備

・粉類（薄力粉、ベーキングパウダー、グラニュー糖、塩）は合わせてふるう。

・バターは冷蔵庫から出して1.5〜2cm角に切り、5分ほど室温におく。冷たいけれどもかちかちにかたくはない状態から始める。

・オーブンは180℃に温める。

作り方

①ボールにふるった粉類とバターを入れ、指先でバターをつぶすようにしながら粉となじませる。大きな粒がなくなればいい。

②aを入れ、スプーンで大きく混ぜて全体がまとまったら、手でボールの周囲にこびりついた生地も全部ひとまとめにする。

③軽く打ち粉をした台にとり、リズミカルにやさしくこねる。手のひらのつけ根を使って生地を向う側に押しては手前に折り、角度を変えて同様にすることを繰り返し、20回程度こねる。ここでこねすぎないようにすること。

④❸の生地をまとめて、2cm程度の厚さに丸くのばし、軽く打ち粉をした型で抜く。なるべく無駄が出ないように抜いていくが、残った生地は軽くこねてのし直し、型で抜く（最後に残った生地は自分用に丸めて焼いても）。

⑤型抜きした生地の側面に触らないようにして、オーブンシートを敷いた天板に間隔をあけて並べる。上に刷毛で生クリームを塗る。

⑥180℃のオーブンで、完全にふくらんでうっすらと色づくまで18分ほど焼く。

♥作り方①で粉とバターを練ってしまうとふくらみが悪くなります。バターがやわらかいと生地がだれてしまうし、冷たくてかたいと粉と混ざるまでにかえって時間がかかってしまいます。ぜひ、バターの準備は左記のとおりにして、作り方①で全体が黄色くなるまで混ぜすぎないようにし、オーブンに入れるまで手早く作業して焼いてみてください。外はさくっ、中はふっくらが楽しめるはずです。

♥生地をボールから台にあけるときに手にこびりつくときは、一度手をきれいに洗ってよくふいてからこねます。そのまま続けるといつまでも手にこびりついて打ち粉を多くしてしまいがちだからです。

♥型で抜いた後の断面に触らないようにすることもこつです。側面が持ち上がってふくらむのに、触ってならしてしまうとふくらみが悪くなるからです。

♥オーブンのくせによって工夫する点はp.9のマフィンの焼き方と同様です。

♥前の晩までに材料を計量して冷蔵庫に入れておけば、翌朝さっと作って焼きたてが楽しめます。休日の朝などに、ぜひ！

パルメザンチーズ

おろしたパルメザンチーズを生地にもトッピングにもたっぷり使います。
トッピングの空気を含んだようなチーズの焼上りも、手作りならではです。

パルメザンチーズ

材料
（直径6cmの抜き型で6個分）

薄力粉	250g
ベーキングパウダー	大さじ1
グラニュー糖	35g
塩	小さじ1/4
パルメザンチーズ	55〜60g
無塩バター	90g
a 卵	1個
牛乳	適宜

（卵と合わせて120mlになるようにする）

打ち粉（薄力粉）	適宜
生クリーム（または、牛乳）	適宜

作り方
①p.66のプレーンビスケットの作り方を参考に
する。準備を同様にする。
②パルメザンチーズは、トッピング用を残して
約40g分をおろす。
③ふるった粉類とおろしたチーズをボールに入
れて、バターを加え、指先でバターをつぶすよ
うにしながら粉となじませる。
④aのうち、まず100ml程度を加えてスプーン
で大きく混ぜ、まとまりにくいようならば少し
ずつaを足す。生地がゆるくなりすぎないよう
に様子を見ながら加えること。
⑤プレーンビスケットの作り方③〜⑤までと同
様にする。軽く打ち粉をした台にとり、リズミ
カルにやさしくこねる（こねすぎないこと）。
生地をまとめて、2cm程度の厚さに丸くのばし、
軽く打ち粉をした型で抜き、オーブンシートを
敷いた天板に間隔をあけて並べ、上に刷毛で生
クリームを塗る。
⑥生クリームを塗った生地の上からトッピング
用にとりおいたチーズをおろしながらたっぷり
かける。
⑦180℃のオーブンで、完全にふくらんでうっ
すらと色づくまで18分ほど焼く。

♥チーズをおろしながらトッピングするのがポイント。
あらかじめおろしたものをかけるより、ざっくりとおい
しそうな表情に焼き上がります。

チョコチャンク

これは、パン代りというよりまさにおやつ向きのビスケット。
そこで、卵と生クリームを入れて、ふんわりとやわらかめの生地にしています。

 チョコチャンク

材料
（約7cm角の正方形6個分）

薄力粉	250g
ベーキングパウダー	大さじ1
グラニュー糖	60g
塩	少々
ココアパウダー	大さじ1
無塩バター	90g
a 卵	1個
生クリーム（乳脂肪分35％のもの）	適宜
（卵と合わせて120mlになるようにする）	
バニラオイル	少々
クーベルチュール	
チョコレート（スイート）	120g
打ち粉（薄力粉）	適宜
生クリーム	適宜

作り方
①p.66のプレーンビスケットの作り方を参考に
する。準備を同様にする。粉をふるうときにコ
コアも合わせてふるう。
②チョコレートは、2cm強の角切りを目安にナ
イフでざくざくと刻む。
③ふるった粉類とバターをボールに入れ、指先
でバターをつぶすようにしながら粉となじませる。
④aを入れ、スプーンで大きく混ぜて全体がまと
まったら、❷のチョコレートを加えて、全体に
混ぜ込むようにしてから打ち粉をした台にとる。
⑤プレーンビスケットの作り方③と同様にやさ
しくこねたら、2cm厚さの長方形にのばし、ナ
イフの刃全体で押し切るようにして6等分の正
方形に分ける。
⑥オーブンシートを敷いた天板に間隔をあけて
並べる。上に刷毛で生クリームを塗り、180℃
のオーブンで、完全にふくらんでうっすらと色
づくまで18分ほど焼く。

シュガーレーズン

ビスケット作りを始めたら、いずれは必ず試していただきたい 1 品です。
三角形のとがった先や外側はざくっとした食感、中の生地はしっとり！

 シュガーレーズン

材料
(15×7cmの三角形6個分)

薄力粉	250g
ベーキングパウダー	大さじ1
グラニュー糖	60g
塩	少々
コーングリッツ	20g
無塩バター	90g
レーズン	40g
a 卵	1個
牛乳	適宜
(卵と合わせて120mlになるようにする)	
サワークリーム	30g
打ち粉(薄力粉)	適宜
生クリーム(または、牛乳)	適宜
バニラシュガー(p.13*)	適宜

作り方
①p.66のプレーンビスケットの作り方を参考にする。準備を同様にする。
②ふるった粉類、コーングリッツ、バターをボールに入れ、指先でバターをつぶすようにしながら粉となじませる。バターと粉が混ざったところでレーズンを入れて混ぜ、aを加え、スプーンで大きく混ぜて全体がまとまったら、手でボールの周囲にこびりついた生地も全部ひとまとめにする。
③軽く打ち粉をした台にとり、プレーンビスケットの作り方③と同様にリズミカルにやさしくこねる。生地を15×21cm弱の長方形にのばし、ナイフで写真のようにジグザグに切って細長い三角に6等分する。切るときは刃を当てて一気に押し切るようにする。
④オーブンシートを敷いた天板に間隔をあけて並べる。上に刷毛で生クリームを塗り、バニラシュガーをたっぷり(1個につき大さじ1強)まんべんなくふりかける。
⑤180℃のオーブンで、完全にふくらんでうっすらと色づくまで18分ほど焼く。

♥サワークリームが残っていたら温かいシュガーレーズンにつけて召し上がってみてください!

ハーブ

卵なしの生クリームだけの生地は、粉の香りが楽しめて、あっさりと仕上がります。
ハーブがふわっとやさしく香り、食事やワインに添えるかたも多いビスケットです。

黒オリーブ

オリーブの実とアンチョビーを上にのせて焼きました。
これだけでおつまみになるような取合せです。

ハーブ

材料
（直径6cmの抜き型で6個分）

薄力粉	250g
ベーキングパウダー	大さじ1
グラニュー糖	30g
塩	小さじ1/3
ディル、セージ	各6g
イタリアンパセリ、バジル	各5g
無塩バター	90g
a 生クリーム	
（乳脂肪分35%のもの）	120〜150ml
打ち粉（薄力粉）	適宜
生クリーム	適宜
飾り用のハーブ（形がきれいなので、	
あればセルフイユも加える）	6個分

作り方
①p.66のプレーンビスケットの作り方を参考に
する。準備を同様にする。
②ハーブは、葉を摘み、粗みじん切りにして、
ふるった粉に混ぜる。
③ハーブを加えた粉類とバターをボールに入れ、
指先でバターをつぶすようにしながら粉となじま
せる。aの生クリームをまず120ml入れてスプ
ーンで混ぜ、まとまらないようなら残りの生クリ
ームを様子を見ながら加えてひとまとめにする。
④軽く打ち粉をした台にとり、プレーンビスケ
ットの作り方③と同様にやさしくこね、生地を
まとめて、2cm程度の厚さに丸くのばし、軽く
打ち粉をした型で抜く。
⑤オーブンシートを敷いた天板に間隔をあけて
並べ、上に刷毛で生クリームを塗って、飾り用の
ハーブの葉をのせ、180℃のオーブンで、完全に
ふくらんでうっすらと色づくまで18分ほど焼く。

💗ハーブはこの配合
がA.R.Iのおすすめ
ですが、ローズマリー
のように香りの強い
もの以外なら、好み
の組合せで焼いても
いいでしょう。

黒オリーブ

材料
（約7cm角の正方形6個分）

薄力粉	250g
ベーキングパウダー	大さじ1
グラニュー糖	30g
塩	小さじ1/3
無塩バター	90g
a 生クリーム	
（乳脂肪分35%のもの）	120〜150ml
打ち粉（薄力粉）	適宜
生クリーム	適宜
オリーブ	
（塩気が強すぎないもの。種抜き）	30粒
アンチョビーフィレ	6枚
粗びき黒こしょう	適宜

作り方
①p.66のプレーンビスケットの準備と作り方①
〜③まで同様にする。ふるった粉類とバターを
指先でつぶすようにしながらなじませ、aの生
クリームをまず120ml入れてスプーンで混ぜ、
まとまらないようなら残りの生クリームを様子
を見ながら加えて、全体がまとまったら軽く打
ち粉をした台にとり、やさしくこねる。
②生地をまとめて2cm厚さの長方形にのばし、
ナイフの刃で押し切るようにして6等分の正方
形に切る。
③オーブンシートを敷いた天板に間隔をあけて
並べ、刷毛で生クリームを塗り、180℃のオー
ブンで9分ほど焼いたら天板ごと取り出す。
④1個のビスケットにつき、オリーブ5個、ア
ンチョビー1枚ずつを箸で並べる。生地がまだ
やわらかいので軽く押して少し埋めてからこ
しょうをふり、再びオーブンに入れ、さらに9分
ほどうっすらと色づくまで焼く。

💗途中でオーブンから取
り出すときは、熱いので
充分気をつけて。数分な
ら時間をおいても大丈
夫なので慌てずに。この間
にオーブンの庫内の温度
が下がらないようにだけ
気をつけましょう。

レモン

レモン果汁だけでなく、レモンの皮も焼き込みます。
さわやかな風味の中に、ほっくりと粉の香りのするビスケットです。

レモン

材料
（直径6cmの抜き型で6個分）

薄力粉	250g
ベーキングパウダー	大さじ1
グラニュー糖	30g
塩	小さじ1/3
レモンの皮（おろす）	1個分
無塩バター	90g
a レモン汁	大さじ1
生クリーム（乳脂肪分35%のもの）	120ml
打ち粉（薄力粉）	適宜
生クリーム	適宜
レモン（なるべく薄く切る）	6枚
粉糖	適宜

作り方
①p.66のプレーンビスケットの作り方を参考にする。準備を同様にし、ふるった粉におろしたレモンの皮を混ぜる。
②プレーンビスケットの作り方①と同様に、レモンの皮を入れた粉類とバターを指先でつぶすようにしながらなじませる。a を加えて混ぜる。

まとまらないようなら、生クリーム30ml程度を様子を見ながら少しずつ足してひとまとめにする。
③プレーンビスケットの作り方③④までと同様にする。軽く打ち粉をした台にとり、やさしくこねてから、生地をまとめて2cm程度の厚さに丸くのばし、軽く打ち粉をした型で抜く。
④オーブンシートを敷いた天板に間隔をあけて並べ、上に刷毛で生クリームを塗り、レモンの薄切りをのせ、茶こしなどを通して粉糖をふる。
⑤180℃のオーブンで、完全にふくらんでうっすらと色づくまで18分ほど焼く。

♥ a は酸と乳脂肪を混ぜるので、どろっとしたヨーグルト状になります。このため、ほかのビスケットより生地がまとまりにくくなりますが、水分を入れすぎると扱いにくいので、作り方②では様子を見ながら生クリームを足します。
♥ 上に飾るレモンの輪切りはできるだけ薄く切ると、生地に火が通りやすくなります。
♥ どのビスケットも同様ですが、横にふくれて倒れたような形に焼けることがあります。これも自然なパワーなのでそのまま焼いていますが、気になるかたは、焼く前に天板に置いたビスケットを上から軽く押して平らにならしてください。

もっともっと楽しい！

いつでも焼きたてのおいしさを

A.R.Iの店内で召し上がるお客さまには、マフィンもビスケットもオーブンで温め直してほっくりと粉の香りが立つような状態でお出ししています。冷めてしまったら、温め直して楽しんでほしいと思います。特にチーズの入ったマフィンやビスケットはぜひ。さくらんぼや桃など淡い味わいのくだもの入りは常温でも、お好みで。

冷凍保存でスタンバイ

マフィンもビスケットもやはり焼いたその日のうちに食べてほしいのですが、食べきれない分は冷凍保存をおすすめします。におい移りがしないよう、ファスナーつきのビニール袋などで密閉して冷凍。日もちは保存状態にもよります。風味や食感が落ちる前に食べてください。普通は2週間ほどもちますが、中に霜や水滴がつく前に食べきってください。自然解凍後に約180℃のオーブンで5分ほど温めます。たくさん買って持ち帰るお客さまの声を整理してご紹介すると──翌日の朝食用なら涼しいところで常温保存、それ以外は即冷凍保存。冷凍したものは食べたい日の前夜に冷蔵庫に移し、朝温め直す。オーブンを使わないなら、アルミフォイルに包んでオーブントースターで5〜6分。解凍を忘れて冷凍のままのときは10分以上、中までしっかり温める。好みで最後の数十秒と余熱はアルミフォイルを取って表面をさくっとさせる──皆さん工夫して楽しまれているのを聞くと、作り手としてはうれしくなります。

いろいろな種類を焼く

ここまで読んでくださった皆さまは、もうお気づきだと思いますが、この本で紹介したマフィンは基本を覚えれば、一度に何種類も焼くことだってできます。写真は、1つの型に3種類ずつ、2つの型で計6種類焼いたところ。家庭でも、スイートマフィンならチョコレートやくだもの各種、お食事マフィンならチーズやツナ、ハーブなどが少しずつあれば3、4種類作るのは簡単です。クランブルやアイシング、各クリームの作りおきがあれば、いっそう手軽。生地を少しずつ取り分けて、それぞれのマフィンの作り方に従って型に入れれば、一度に焼けます。

贈り物に……

手作りのマフィンやビスケットは贈り物にもおすすめです。少しくらい形がふぞろいでも気にならないカジュアルさもいいところ。いい素材で心をこめた焼き菓子は、きっと喜ばれることでしょう。ラッピングは、完全に冷めたものを、油脂分がしみないように工夫して包みます。1つずつグラシン紙で包むか、箱や袋に直接入れるときは底にグラシン紙を敷きます。紙を細かく切った梱包材を底に敷き詰めれば、クッション性も出て一石二鳥です。箱やかご、紙袋に入れたら、乾燥しすぎないようビニール袋などに入れてください。

森岡 梨（モリオカ・アリ）
1977年東京生れ。ニットデザイナーの母親のもと、青山で育つ。
幼少よりパン、お菓子作りが好きで、美術大学を卒業後は
ニューヨークの製菓学校、レストラン等で修業し、
帰国後、カフェ勤務を経て、東京・青山に「A.R.I」をオープン。
著書に『A.R.Iのクッキーの提案』（文化出版局）がある。

A.R.I＝東京都港区南青山5-9-21 2F　　Tel&Fax 03-5774-8847

アートディレクション＝藤枝リュウジ / デザイン＝宗 誠二郎
撮影＝新居明子 / スタイリング＝堀江直子

A.R.Iのお菓子の提案
dailyマフィンとビスケット

発　行　2005年 9 月18日　　第 1 刷
　　　　2014年11月27日　　第19刷
著　者　森岡 梨
発行者　大沼 淳
発行所　学校法人文化学園 文化出版局
　　　　〒151-8524 東京都渋谷区代々木3-22-1
　　　　電話 03-3299-2565（編集）
　　　　　　　03-3299-2540（営業）
印刷所　凸版印刷株式会社
製本所　大口製本印刷株式会社

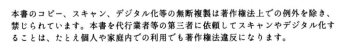

文化出版局のホームページ　http://books.bunka.ac.jp/

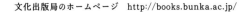